Como se comportar enquanto refém...

Dados Internacionais de Catalogação na Publicação (CIP)
(Câmara Brasileira do Livro, SP, Brasil)

Souza, Wanderley Mascarenhas de
Como se comportar enquanto refém / Cap. Mascarenhas.
— São Paulo: Ícone, 1996.

ISBN 85-274-0402-8

1. Reféns 2. Reféns — Negociações 3. Seqüestro 4. Seqüestro — Prevenção I. Título.

95-1571   CDD-364.154

Índices para catálogo sistemático:

1. Reféns: Comportamento: Criminologia   364.154
2. Seqüestro: Prevenção: Criminologia   364.154

Wanderley Mascarenhas de Souza

Como se comportar enquanto refém...

© Copyright 1996.
Ícone Editora Ltda

Capa
Claudia Andrade
José Renato Silva

Diagramação
Rosicler Freitas Teodoro

Composição
Julia Ana

Revisão
Rosa Maria Cury Cardoso
Vilma Maria da Silva

Proibida a reprodução total ou parcial desta obra,
de qualquer forma ou meio eletrônico, mecânico,
inclusive através de processos xerográficos, sem
permissão expressa do editor
(Lei nº 5.988, 14/12/1973).

Todos os direitos reservados pela
ÍCONE EDITORA LTDA.
Rua das Palmeiras, 213 — Sta. Cecília
CEP 01226-010 — São Paulo — SP
Tels. (011)826-7074/826-9510

PREFÁCIO

*Percival de Souza**

Múcio Sévola — centurião de Roma — colocou sua mão num braseiro deixando que se consumisse para castigá-la por ter errado o golpe com sua espada. Os atos de bravura dos legionários romanos saltam do passado para o nosso presente, quando temos de lembrar as características de um militar de escol.

Fui lembrar esse episódio de Múcio Sévola, passado há muitas centúrias, porque, hoje, estamos diante de um componente da Polícia Militar de São Paulo, ex-comandante do Grupo de Ações Táticas Especiais (GATE), que apresenta mais um livro, fruto de vasta experiência profissional, cursos de especialização e um conhecimento prático de situações — ou gerenciamento de crises.

Sem medo de errar, direi que o capitão PM Wanderley Mascarenhas de Souza lembra a imagem de um novo legionário romano, incorporado ao presente, que não errou nenhum golpe; pelo contrário, acertou todas as ações durante o seu período de comando. Mas, se errado tivesse, teria a mesma coragem do centurião romano, porque ambos — um

---

* Jornalista e escritor; criminólogo, colunista do *Jornal da Tarde*.

no passado remoto, outro neste presente — possuem as mesmas características do verdadeiro militar.

O livro, que tenho a honra de prefaciar, mostra que as corporações, como os indivíduos, têm o seu momento de verdade. Este trabalho representa exatamente um desses momentos, pois mostra o que é necessário saber e como se comportar em situações de crise, alertando o refém em potencial e preparando a Polícia para o culto da moral e do civismo; da fé, do exemplo e do sacrifício, da honra e do dever. O capitão Mascarenhas conhece, e muito bem, a realidade da vida Policial Militar. Não apenas pelo conhecimento teórico, mas completado pela experiência pessoal, pelo espírito de sacrifício e pelo anseio de bem servir.

Conheci-o comandante. É um comandante, quando possui ideais elevados e se empenha com realizações construtivas, pensa antes de mais nada no comandado, a célula viva do seu comando, e que está a ele indissoluvelmente unido. E só conquista a sua confiança porque com ele se identifica. É assim que se comanda o GATE.

O Comando é antes de tudo um pensamento concreto, criado pela reta razão e sustentado por um ato de fé. Os que não acreditam na sua doutrina não convencem os seus comandados. É assim que se faz doutrina no GATE.

Essas considerações parecem-me necessárias porque este livro trata de um tema atualíssimo, com fatos que ensejam treinamento e comparações, e que devem ser tratados de maneira estritamente profissional. Nesse sentido, creio que o livro do capitão Mascarenhas se transforma, desde já, num *vade-mecum* que deve servir para os grupos especiais que, qualquer que sejam os seus nomes e siglas de identificação, têm uma missão a cumprir que exige capacidade, precisão e consciência dos riscos.

O que *não* se deve fazer está registrado aqui.

O que se *deve fazer* está explicado, didática e pedagogicamente.

Preservando vidas e aplicando a lei e tendo como palco o teatro de operações, o capitão Mascarenhas, alerta sobre a necessidade de se definir responsabilidades para evitar problemas claramente demonstrados. Parâmetros éticos, riscos, possibilidades de empregar força letal são minuciosamente apreciados. Casos que se lamenta também são lembrados, para extrair deles preciosas lições excludentes de vaidade, empirismo e amadorismo.

O FBI é citado, no presente trabalho. Ele nasceu com o lendário Edgard Hoover, por meio século diretor do *Federal Bureau of Investigation*, passando por oito presidentes americanos e dando ao órgão a fama de polícia mais eficiente e respeitada do mundo. A Academia do FBI fica em Quantico, Virgínia, onde são treinados 500 novos agentes a cada ano, 1.000 da Academia Nacional e 200 agentes do DEA, o *Dru Enforcement Administration*.

A *Swat*, da qual encontraremos referência neste livro, foi criada pelo ex-chefe de Polícia de Los Angeles, Daryl Gates. Ele se perguntou, em 1972, após os atos terroristas de Munique:

—*Estão as nossas Polícias preparadas para isso?*

Podemos repetir a pergunta em situações diferentes na virada do século.

Na verdade, *Swat* é um conceito de Polícia baseado na premissa de que um seleto grupo, altamente motivado e bem condicionado, formado por policiais voluntários, especialmente equipados e treinados, pode, eficazmente, reduzir o risco associado a uma situação de emergência. Qualquer semelhança não é uma coincidência.

Aliás, o FBI possui o HRT (*Hostage Recue Team*), considerado nada mais, nada menos, do que a *Swat das Swats*, que se divide em três grupos: um, que fica em *stand by* (preparado para agir); o segundo em descanso e o terceiro treinando. É bom saber e compreender os padrões adotados por uma Polícia de primeiro mundo para aproveitar melhor a leitura do livro do capitão Mascarenhas e aprender com ele. Também é oportuno registrar que a Polícia norte-americana inspirou-se no modelo inglês de Robert Peel, considerado o pai da polícia moderna (comunitária, inclusive), começando a formar-se logo depois da independência das 13 colônias da Inglaterra.

Inspirado, portanto, nessa fonte da melhor qualidade, o capitão Mascarenhas faz as necessárias adequações para a nossa realidade, onde se vivem situações em que se exige, cada vez mais, não só saber o que fazer, mas como fazer. O livro aponta os palpiteiros que devem ser evitados, os problemas da transformação do teatro de operações em palcos de exibicionismo, chegando também a definir, com impecável clareza, os efeitos da chamada *Síndrome de Estocolmo*, que pode afetar não só vítimas e reféns, como corações e mentes.

A literatura policial precisava deste trabalho. A lacuna agora está preenchida. Sendo as ocorrências com reféns uma realidade, resta aproveitar o *know-how* acumulado, aperfeiçoando-o e corrigindo alguns erros traumatizantes em operações desse tipo e que aqui estão consignados, *add perpetuam in memoriam*.

Quem não perguntar, não quer saber, como ensinou o padre Vieira num dos seus magistrais sermões. Tática: quem não quer saber, quer errar. Este trabalho possui, entre as suas virtudes, uma que é fundamental: ajudar os grupos especiais da Polícia a acertar sempre.

SOBRE O AUTOR

Wanderley Mascarenhas de Souza, Capitão da Polícia Militar do Estado de São Paulo, tem atuado em centenas de incidentes envolvendo reféns como principal negociador com assaltantes, casos psicóticos, em distúrbios nos locais de trabalho e em casos de seqüestros. Embora tenha atuado em casos de terrorismo, como o seqüestro do empresário Abílio Diniz, a maioria de suas ações envolve reféns tomados por criminosos comuns e rebeliões em presídios, incluindo ações fora do Estado de São Paulo. Já conduziu inúmeros cursos e treinamentos para as polícias de vários Estados do Brasil, autoridades e empresários.

Serviu no Batalhão Tobias de Aguiar (ROTA), por aproximadamente 8 anos, de onde seguiu para criar e montar o Grupo de Ações Táticas Especiais (GATE), e suas equipes de Negociação e Antibomba. Nestas Unidades de elite da Policia Militar desenvolveu técnicas e táticas para gerenciar crises com reféns e de atentados a bombas.

CURSOS DE ESPECIALIZAÇÃO NA ÁREA

- SWAT (Miami-EUA)
- Antiterror (Israel)
- Gerenciamento de Crises e Negociação (Polícia Federal-Brasília/DF)
- Anti-sequestro (ACADEPOL)
- Táticas Especiais (GATE-PMESP)
- Operações Especiais (COE-PMESP)
- Explosivos (Israel e Argentina)

VISITAS E ESTÁGIOS EM POLÍCIAS INTERNACIONAIS

- Polícia Nacional de Israel
- Scotland Yard (Inglaterra)
- Guarda Civil (Espanha)
- Polícia Federal (Argentina)
- Swat (Miami e New York-EUA)

MONOGRAFIA E OBRAS PUBLICADAS

- Radiografia do Seqüestro - Ícone Editora - 1993
- Contra-ataque: Medidas antibomba - Ícone Editora - 1993
- Normas Técnicas Preventivas em Ocorrências de Atentados à Bomba - Grafstúdio/1991
- Normas Gerais de Ação do GATE - Grafstúdio/1988
- Gerenciamento de Crises: Negociação e Preparação de Grupos Especiais de Polícia na solução de eventos críticos — Monografia do Curso de Aperfeiçoamento de Oficiais - PMESP/1995

AGRADECIMENTO

Minha gratidão a Deus, por permitir esta obra, e aos verdadeiros amigos que sempre estiveram ao meu lado, nos momentos difíceis da minha carreira policial.

INTRODUÇÃO

Constantemente são vistas, através dos órgãos de imprensa, as instituições policiais de nosso país, às voltas com ocorrências envolvendo situações de reféns, tomados ou seqüestrados, como conseqüência de ações criminosas tais como: tentativas de extorsão mediante seqüestro, motins em presídios, ou tentativas de fuga de marginais cercados pela polícia, quando num ato de desespero lançam mão de pessoas inocentes para servir-lhe de salvo-conduto.

Para auxiliar na solução destas crises com resultados que garantam a sobrevivência do refém, ao mesmo tempo em que busca orientar a ação policial, de forma técnica e profissional, pretende este livro mostrar ao leitor como se comportar enquanto refém, por suas próprias atitudes e pelas atitudes da Polícia que gerencia o evento crítico.

O autor

SUMÁRIO

Tomada de reféns 10

O estado de crise e a condição de refém 21

Principais tipos de seqüestradores 25

A motivação criminosa e a reação recomendada 31

A Síndrome de Estocolmo 39

Negociação de reféns 45

A troca de reféns 49

Seqüestros 51

O que se pode esperar do refém 53

Como se comportar enquanto refém 55

Como negociar a crise 59

O que se pode ou não negociar 61

Soluções policiais para as situações de reféns 63

O efeito da mídia 67

Conclusão 69

Reféns: um tema da atualidade 71
   Como sobreviver durante um assalto ou seqüestro 73
   Invasão no Paraná previa morte de reféns 75
   Rebelados ameaçam incendiar reféns 77
   Assaltantes liberta menina e foge com refém 79
   Ladrões recusam libertar reféns na Bahia 83
   D. Aloísio, refém dos presos que foi amparar 85
   Garoto herói acaba com assalto 87
   Polícia tenta acabar com assalto e refém morre
   em tiroteiro 91
   Detento se afeiçoa a refém 93
   'Um estímulo às rebeliões 95
   Más recordações: Adriano, refém aos cinco anos 99
   Traumas de vítimas da violência 103
   Bibliografia 107

TOMADA DE REFÉNS

Este é o crime da atualidade. Homens inescrupulosos utilizam-se de pessoas inocentes para alcançar seus objetivos distorcidos, sem se preocuparem com o refém como pessoa. Vêem em suas vitimas meros instrumentos que os auxiliarão na execução de um plano.

Existem basicamente quatro tipos de situações envolvendo reféns:

— *situação critica:* ocorre quando o elemento toma a sua família ou algum membro dela como refém, a fim de exteriorizar uma frustração ou descarregar neuroses. Pode ser que ultrapassou seu limite de resistência a uma pressão interna ou externa. Tomar reféns e, principalmente sendo familiares, é a forma que encontra para tornar pública sua carência e mostrar que é importante.

—*psicopatia:* geralmente o psicopata procura impressionar. Grita com extravagância, demonstra fúria, não suporta a sociedade e suas regras. Assim como no caso anterior, seu propósito é mostrar posição de superioridade, querendo a atenção de todos e utiliza-se do refém para tal. Quer manipular a sociedade e causar terror. Se é um anormal pode ser divertido. Se é um doente mental, e sofre de alguma psicose, torna-se instável e extremamente perigoso. Pode ser que tenha concebido alguma idéia do por que tomar reféns, que para ele é perfeitamente sensata, embora não o seja para outras pessoas.

— *criminoso apanhado em flagrante:* nessa situação, quando o criminoso iniciou sua ação, não tinha a menor intenção de tomar reféns. Queria apenas praticar o seu delito e fugir. Porém foi descoberto e está cercado. Não lhe resta outra alternativa: vê no refém a sua oportunidade de escapar dessa armadilha. Geralmente todas as suas ações visam à sobrevivência e, na maioria dos casos, não pretende matar. É o menos perigoso dos seqüestradores.

— *terroristas:* os terroristas são, na maioria das vezes, profissionais, e geralmente têm um propósito político. Lutar até a morte pelo seu intento.

O melhor método para o resgate de reféns é a negociação, porém deve-se ter uma solução tática para o problema, no caso de insucesso.

O primeiro passo em todas as situações envolvendo refém é o cerco. Enquanto o ponto crítico está sendo cercado e a área crítica examinada, deve-se obter o máximo de informações sobre o terreno físico utilizado na ação criminosa.

O plano para o resgate de reféns precisa ser flexível às variações, pois essas situações costumam mudar a cada minuto.

O ESTADO DE CRISE E A CONDIÇÃO DE REFÉM

Uma crise ou incidente com refém ocorre quando um indivíduo procura evitar a sua detenção capturando pessoas e ameaçando-as de lesões, com o intuito de deter ou fazer sucumbir a ação policial. Nesta situação os mecanismos de controle da pessoa acuada não ajudarão a resolver a crise.

O indivíduo está agindo e respondendo sob uma imensa carga emocional, em lugar de uma conduta racional, frente a uma situação altamente estressante.

A situação é tida como uma ameaça às carências emocionais, psicológicas e físicas do indivíduo, gerando sintomas de retração, sentimento de isolamento e distância dos sistemas comuns de ajuda.

Quando os mecanismos normais de controle não funcionam, o indivíduo entra em crise. E, se ele se sentir em crise, ele estará.

As características da crise são:
— mudança do convívio social;
— intensa reação emocional;
— falta de perspectiva;
— condução ineficaz de soluções de problemas;

— problemas físicos;
— comportamento impulsivo, improdutivo e freqüentemente inapropriado;
— capacidade reduzida de atentar aos fatos.

Vivendo momentos críticos, os reféns torcem para que tudo dê certo porque dos seqüestradores depende a sua sobrevivência; os seqüestradores, por outro lado, vêem as vítimas como passaporte para a liberdade.

A sobrevivência dos dois grupos depende do comportamento que as vítimas adotam nos primeiros momentos da crise. As situações violentas provocam quase que imediatamente a perda da racionalidade e a explosão do emocional.

Dominando o lado emocional, as vítimas se relacionam mais equilibradamente com o criminoso ou com a situação que estão vivendo. Assim, deixam de transferir para o seqüestrador a expectativa de violência provocada por fantasias de perseguição.

Não se deve esquecer que os seqüestradores também estão sob forte emoção. A transferência dessas fantasias forca-os a corresponder à irracional expectativa de violência.

Controlar o medo, portanto, é fundamental. Ao superar as fantasias, as vítimas criam um ambiente mais positivo, diminuindo a possibilidade de violência física.

Vítimas sem muita noção da realidade — como crianças — ao entrarem em pânico quase sempre se saem melhor dessas situações.

Gritos ou choro convulsivo podem provocar a explosão emocional de assaltantes ou seqüestradores. Atitudes ou gestos que se oponham à autoridade que os criminosos desempenham no momento, também.

Quando reféns em casos de assalto ou seqüestro ficam presos durante muitos dias, uma síndrome peculiar (síndrome de Estocolmo) se manifesta, especialmente porque surge uma indefinição do papel da autoridade, que se mescla com o da vítima. Nos primeiros momentos da crise, porém, essa interação nunca ocorre. A racionalidade é sempre frágil, as emoções explodem de todo lado. Esses momentos são, por isso, os mais perigosos.

Finalmente, cumpre reconhecer que controlar o medo é sempre difícil, principalmente para aqueles que rejeitam o contato com a própria impotência. Esses tentam transformase em heróis e ninguém se acalma.

PRINCIPAIS TIPOS DE SEQUESTRADORES

1. **Indivíduos com problemas mentais/comportamentais:**
   a) maníaco-depressivo;
   b) personalidade anti-social (psicopata);
   c) personalidade desajustada.

2. **Delinqüentes surpreendidos durante o cometimento do crime.**

3. **Prisioneiros em revolta.**

4. **Fanáticos (políticos ou religiosos), buscando produzir mudanças sociais através de ameaça ou uso de violência.**

PARANÓICO ESQUIZOFRÊNICO

• pensamento distorcido: sem contato com a realidade.

• sintomas principais: escuta ou vê coisas que na realidade não existem; sistema de crenças sem amparo na realidade;

• toma reféns buscando realizar um *grande plano* ou obedecendo a *ordens* de alguma pessoa *superior;*
• usualmente acima da média em inteligência: tenha cuidado ao tentar truques ou mentiras. Aceite suas declarações e não tente provar que são erradas. Tampouco afirme escutar ou ver as mesmas coisas.

MANÍACOS-DEPRESSIVOS

— comumente, a depressão é tão aguda que provoca perda do contato com a realidade;
— o indivíduo pode se considerar não merecedor de continuar vivendo. Sentir culpa por eventos ou pecados passados existentes ou não — é culpado pelos sofrimentos do mundo;
— potencial extremamente alto para o suicídio;
— alta possibilidade de violência ou assassínio do refém;
— os reféns são, usualmente, membros da família ou conhecidos do seqüestrador, que acredita estar lhes fazendo um favor ao matá-los livrando-os deste *mundo cão.*

Observação:
— ressalte constante e freqüentemente o valor do seqüestrador;
— fique atento a declarações espontâneas do tipo: *tudo bem, acho que já sei o que fazer* (pode indicar suicídio).

PERSONALIDADE ANTI-SOCIAL (PSICOPATA)

— característica mais marcante: ausência de qualquer sentimento de culpa ou de consciência (elemento não incorporou valores e moral da sociedade em que vive);

— normalmente tem excelente aparência, é bem falante e os reféns tendem a vê-lo como uma pessoa *perseguida;*
— é impulsivo e exige satisfação imediata de seus desejos;
— busca sempre manipular os outros com vistas a algum ganho material para si próprio;
— normalmente desconfiado, este elemento sempre espera ser enganado. Cuidado ao prometer coisas que ele sabe que não podem ser cumpridas.

Observações:
— este tipo de seqüestrador necessita de freqüente estimulação — caso isto não ocorra, ele poderá se voltar contra os reféns;
— evite prolongados lapsos de tempo sem contato/atividade com o seqüestrador.

PERSONALIDADE DESAJUSTADA

— os elementos com esta característica mostram, no decorrer de suas vidas, respostas ineficientes ou inadequadas às situações de stress físico, emocional ou social;
— ele se vê como um perdedor contumaz;
— o seqüestro pode ser sua última tentativa de provar a alguém (esposa, pais, etc.) que pode obter sucesso em alguma atividade;
— freqüentemente usa frases como: *vou mostrar que eu realmente posso fazer alguma coisa* ou *vou mostrar a todo mundo que eu não sou mais aquele otário;*
— seu pensamento é claro (tem vínculo com a realidade). Pode entender as conseqüências de seus atos, fator positivo para a solução da crise.

Observações:
— deve-se oferecer compreensão e aceitação; um meio de *sair dessa sem falhar novamente;*
— normalmente sabe o que esperar da polícia e sabe também o que precisa para sair vivo da situação;
— tem um reconhecimento da situação geral e o seu propósito é a fuga, garantida pela tomada dos reféns. Busca garantir a sua integridade física pela liberdade dos seqüestrados;
— é o que oferece menos risco ao refém e à ação policial (fácil negociação).

DELINQÜENTES SURPREENDIDOS DURANTE O COMETIMENTO DO CRIME

— procure determinar se o seqüestrador é ou não portador de algum tipo de distúrbio mental/comportamental.

PRISIONEIROS EM REVOLTA

— normalmente as reivindicações dizem respeito à melhoria das condições de vida na prisão (melhores refeições, maior flexibilidade nos horários de visita, protestos contra a morosidade da Justiça, acerto de contas entre eles, etc.);
— o seqüestro dá aos detentos maior poder de barganha e grande destaque nos meios de comunicação;
— como os reféns são, geralmente, ligados às forças policiais, há um grande aumento nas probabilidades de violência ou mesmo homicídio;
— nestes casos, a resposta mais eficiente é uma rápida ação policial, antes do estabelecimento de lideranças entre os amotinados (obedecendo o critério da validade do risco).

FANÁTICOS (POLÍTICOS OU RELIGIOSOS)

— os terroristas buscam a maior publicidade possível para sua causa: os alvos são escolhidos em virtude de seu valor simbólico, do valor propagandístico, das possibilidades de êxito e da vulnerabilidade do alvo;

— suas ações são planejadas com grande minúcia e chegam ao requinte de suporte psicológico para os seqüestradores e reféns;

— as exigências são, comumente, impossíveis de serem atendidas pelos governos locais, exigindo interferência de autoridades federais;

— a possibilidade de homicídio ou violência contra os reféns são altas — as repercussões já foram discutidas e os seqüestradores estão preparados para morrer como mártires.

A MOTIVAÇÃO CRIMINOSA E A REAÇÃO RECOMENDADA

A ação do criminoso com propósito de fuga e segurança pessoal é, geralmente, levada a efeito sem planejamento prévio e há interferência imediata da polícia quando o crime está acontecendo. Sua motivação primeira é a fuga e a segurança pessoal.

Reação recomendada:
Pode-se lidar com o detrator de maneira lógica, desde que sua personalidade seja relativamente normal e não esteja afetada por um problema mental ou alguma doença.

Não se envolva em gestos precipitados que possam provocar uma reação da parte dele contra os reféns.

Enfatize o ocorrido a fim de que ele perceba que sua contínua intransigência não melhora a sua posição, especialmente se a fuga for impossível e que qualquer dano causado aos reféns só vai piorar a situação.

Desencoraje-o da fuga e enfatize a garantia de segurança pessoal se ele se render.

Coloque a responsabilidade das decisões no detrator.

ESQUEMA 1

MODELO DE NEGOCIAÇÃO PARA DETRATOR CRIMINALMENTE MOTIVADO

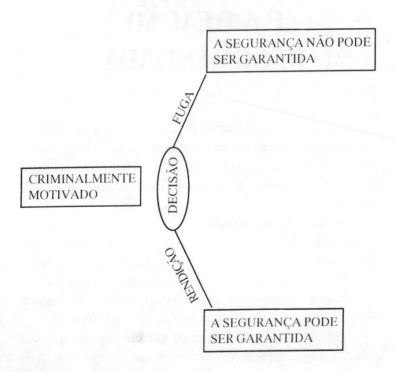

O detrator politicamente motivado e compromissado com uma causa geralmente se caracteriza por uma personalidade racional, excetuando-se seu fanatismo. Sua personalidade é relativamente normal e não está afetada por problemas mentais ou defeitos. Sua dedicação se prende ao seu meio ambiente, treinamento e educação. Ele vê a si mesmo como uma antítese do criminoso e como um patriota combatendo pela liberdade. Exemplos incluem membros do *Weather-Underground, Setembro Negro, Exército Republicano Irlandês, Exército Vermelho Japonês*, FLNC, BAM, SLA e outros. Estes grupos geralmente adotam a ética marxista que apóia a revolução da classe trabalhadora e avalia a ação revolucionária por sua contribuição à revolução. A publicidade é um fator-chave na tentativa de chamar a atenção das massas para a revolução.

Reação recomendada: Pode-se lidar com os detratores de modo racional, desde que sejam compreendidos seus motivos. Estes detratores, entretanto, são altamente agressivos, fanáticos de uma causa e imprevisíveis. Se assassinarem os reféns no local da ação, as probabilidades de negociação bem sucedidas serão incomensuravelmente reduzidas.

Evitar o acesso da mídia a fim de eliminar a possibilidade de criação de mártires.

Avisar que exigências inegociáveis não serão cumpridas.

Julgar as ações do detrator do ponto de vista dele.

Avaliar o comprometimento do detrator com sua causa.

As negociações forçarão o detrator a tomar uma decisão no que se refere a: escolher o martírio, matar os reféns, cometer suicídio, diminuir seus pedidos a um nível mais real de negociação, render-se.

ESQUEMA 2

MODELO DE NEGOCIAÇÃO PARA DETRATORES POLITICAMENTE MOTIVADOS

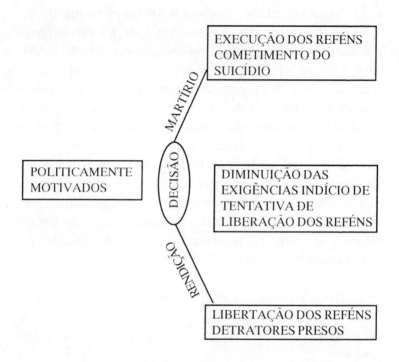

O detrator mentalmente perturbado que se torna alvo de uma reação especial apresenta tipos mais variados possíveis. Ele também poderá estar criminalmente e politicamente motivado ou simplesmente perturbado. Ele pode ser caracterizado como se estivesse reagindo a alguma forma de esgotamento pessoal e como se tivesse escolhido uma forma bizarra de contra-reação a este estímulo.

Os comportamentos incluem qualquer das seguintes características:
— mudança no comportamento, tal como de uma calma profunda ao paroxismo;
— perda de memória;
— complexos de grandeza e perseguição;
— tem visões e ouve vozes de pessoas não presentes;
— extremamente suscetível e amedrontado quando ouve barulhos repentinos;
— impulsivo e altamente agressivo;
— pode ter uma idéia de missão para curar os males do mundo;
— alta ansiedade e sofrimento;
— reage à perda do objeto de seu amor de maneira violenta;
— sensação constante e irreal de seu próprio corpo e do meio ambiente;
— desilusões, alucinações, má-versão da realidade;
— perda de controle, imaturidade, perda de empatia, adaptação reduzida, estranheza, peculiaridade e introspecção;
— extremamente desconfiado, arrogante e hipersensível;
— suicida;
— excitação, agressão, explosões de raiva.

Reação recomendada: Basicamente deve-se identificar o estado de espírito do detrator e reduzir o impacto da reação comportamental identificada. As pessoas mentalmente perturbadas não conseguem perceber a missão de uma maneira racional. O tempo vai trabalhar em favor de objetivos bem sucedidos.

Utilize o que o detrator vê como uma tentativa lógica para reduzir seu próprio esgotamento.

Uma atitude calma deve prevalecer durante todo o tempo de contato com o detrator ou enquanto durar a crise.

Evitar a demonstração de força policial.

Converse com ele em seu estado de excitação e esgotamento.

Sugira soluções para seus problemas.

Não tome partido.

Não demonstre medo.

Seja paciente.

Tente mostrar empatia.

Escute o que ele tem a lhe dizer, mantenha-o falando e ajude-o a tomar decisões.

Meça o grau de instabilidade emocional utilizando informação prévia, observando seus gestos e comportamento.

Reações ao seu esgotamento geralmente serão julgados como um ataque a ele e a outras pessoas, ou a um compromisso, ou a sua introspeção. Tente diminuir qualquer possibilidade de introspeção.

O mais importante é tentar reduzir o esgotamento do detrator.

ESQUEMA 3

MODELO DE NEGOCIAÇÃO COM PESSOAS MENTALMENTE PERTURBADAS

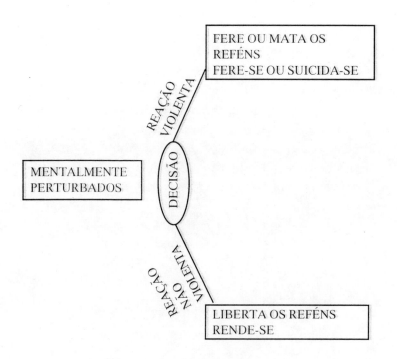

A SÍNDROME DE ESTOCOLMO

A expressão *Síndrome de Estocolmo* foi criada por Harvey Schlossberg, um detetive policial que se tornou psicólogo clínico.

Tal denominação decorreu de uma crise com reféns ocorrida em Estocolmo, na Suécia.

Um elemento armado entrou no Banco de Crédito de Estocolmo e tentou praticar um roubo. Com a chegada da polícia, o assaltante tomou três mulheres e um homem como reféns e entrou com eles na caixa forte do banco, exigindo da polícia que trouxesse ao local um seu antigo cúmplice, que se encontrava na prisão.

Atendido nessa exigência, o assaltante e o seu companheiro mantiveram os reféns em seu poder durante seis dias, no interior da caixa-forte, tendo ao final desse tempo se entregado sem resistência.

Ao saírem da caixa-forte, os quatro reféns usaram seus próprios corpos como escudos para proteger os dois bandidos de qualquer tiro da polícia, ao mesmo tempo em que pediram aos policiais para não atirarem.

Mais tarde, ao ser entrevistada pela mídia, uma das jovens que estivera como refém expressou sentimentos de muita simpatia para com um dos bandidos, chegando a dizer que esperaria até o dia que ele saísse da cadeia para se casarem.

Muitas pessoas ficaram chocadas ao ouvirem isso, chegando mesmo a imaginar que tivesse havido algum envolvimento sexual entre aquela moça e o bandido, durante o tempo em que ficaram confinados no interior da caixa-forte.

Mas, na verdade, não ocorrera nenhum contato sexual ou relacionamento amoroso. Muito pelo contrário. Por várias vezes, durante a crise, o bandido exibira a referida moça, com uma arma sob o queixo, aos policiais. Soube-se também que, a certa altura, ao desconfiarem que a polícia pretendia jogar gás lacrimogêneo no interior da caixa-forte, os bandidos amarraram os pescoços dos reféns aos puxadores das gavetas de aço dos cofres ali existentes. Com isso pretendiam eles responsabilizar a polícia por algum virtual enforcamento dos reféns, causado pelo pânico que adviria com o lançamento do gás no interior da caixa-forte.

Apesar de todas essas ações violentas, a jovem desenvolveu sentimentos de profunda amizade para com um dos bandidos, fato esse que até mesmo ela considerou inexplicável.

Havia, portanto, outras razões que motivaram aquele inesperado sentimento de amor e simpatia da jovem para com o seu ex-algoz.

Com a repetição desse fenômeno em vários outros casos semelhantes, os estudiosos do assunto chegaram à conclusão de que a *Síndrome de Estocolmo* era uma perturbação de ordem psicológica, paralela à chamada *transferência*, que é o termo que a Psicologia usa para se referir ao relacionamento que se desenvolve entre um paciente e o psiquiatra, e que permite que a terapia tenha sucesso. O paciente precisa acreditar que o médico pode ajudá-lo a fim de que o tratamento tenha bom êxito e, como resultado desse esforço, o paciente desenvolve o fenômeno da *transferência*.

As pessoas quando estão vivendo momentos cruciais, costumam se apegar a qualquer coisa que lhes indique a saída, e é exatamente isso que ocorre com os reféns e os bandidos.

Por ocasião de um evento crítico, tanto uns como outros estão sob forte tensão emocional.

Por essa razão, os reféns passam conscientemente a desejar que tudo dê certo para os bandidos, isto é, que eles consigam o dinheiro do resgate, que lhes sejam satisfeitas todas as exigências e que, afinal, possam fugir em paz, deixando os reféns com vida.

Nesse processo mental, os reféns passam a considerar como totalmente indesejável toda e qualquer intervenção policial e, freqüentemente, os próprios valores sedimentados ao longo da vida costumam ser questionados e até mudados por essas pessoas.

Dessa ânsia desesperada pelo bom sucesso dos bandidos, para a simpatia, a admiração, e até mesmo o amor ou o bem-querer, é um passo.

Em 1987, durante um assalto à agência do banco BANESTADO, em Londrina/PR, os assaltantes, com a chegada da polícia, fizeram como reféns dezenas de pessoas que se encontravam no interior do banco.

Ao final da crise, que durou quase três dias, os assaltantes lograram fugir, levando todo o produto do roubo.

Todos os reféns liberados sofreram os efeitos da "Síndrome de Estocolmo", tendo feito muitos elogios aos assaltantes, descrevendo-os como pessoas "muito simpáticas, educadas e inteligentes".

Mais recentemente, em 1991, a estudante carioca Flávia de Oliveira Teixeira, foi seqüestrada, na Ilha do Governador, Rio de Janeiro.

Libertada após três dias de cativeiro e mediante o pagamento de milhares de dólares como resgate, ela apresentou sintomas bastante evidentes de que desenvolveu o fenômeno da *Síndrome de Estocolmo*.

Segundo reportagem publicada numa revista de âmbito nacional, sob o título "GAROTA CARIOCA SE APAIXONA POR SEUS SEQÜESTRADORES", a ex-refém não estava revoltada pela violência que sofreu e, ao contrário, fez uma defesa apaixonada de seus seqüestradores, que, segundo ela, eram "gente de bom coração, fruto de uma sociedade gananciosa".

A referida jovem, segundo a reportagem, desenvolveu até uma especial relação de carinho para com um dos seqüestradores, de nome Jorge; como ela própria narra, ficou apaixonada e chegou a se deitar ao seu lado, no tapete, e lhe acariciou os cabelos, durante o cativeiro.

Segundo ela, foi também esse seqüestrador que lhe deu um anel de prata, que ela agora usa na mão direita e não pretende mais tirar.

Essa síndrome não atinge apenas os reféns.

Também os causadores do evento crítico, pelo fato de serem seres humanos vivendo um momento crucial, estão sujeitos aos seus efeitos.

Isto pode ser retratado na rebelião de presos em Goiás, na matéria do jornal *Folha de S. Paulo* de 10/abr/96, com o título "Detento se afetiva a refém".

Para os bandidos, os reféns são a sua tábua de salvação, o seu passaporte para a liberdade e o grande anteparo que os protege das balas da polícia. Nessas condições, é inevitável que os bandidos passem a desenvolver sentimentos de proteção, de cuidado, e até de amor e carinho, para com os reféns.

Como resultado disso, os reféns passam a gozar de uma proteção psicológica cuja principal conseqüência é o não-cumprimento de prazos fatais por parte dos bandidos. Instalada a síndrome, é quase impossível que alguns dos reféns venha a ser executado simplesmente porque as autoridades não estão atendendo essa ou aquela exigência.

E a partir de que instante se instala a "Síndrome de Estocolmo"?

A experiência tem demonstrado que o fenômeno leva de 15 a 45 minutos para começar a se manifestar, tendendo a crescer e a se sedimentar num determinado patamar, logo nas primeiras horas de evolução.

Esse lapso de 15 a 45 minutos decorre do fato de que é esse o tempo que os causadores da crise levam para conseguir obter o total controle da situação no interior do ponto crítico, dominando todos os reféns, posicionando-os da forma mais conveniente e neutralizando possíveis reações ou resistências por parte de alguém mais afoito ou desesperado.

A "Síndrome de Estocolmo" é uma constante em toda e qualquer crise, embora apresente graus de intensidade que variam de caso a caso, a depender dos seguintes fatores:

— o grau de risco ou ameaça (quanto maior o risco mais rápida e intensamente se desenvolve a síndrome);

— o estado de saúde mental dos bandidos. Está comprovado que os psicopatas e os fanáticos religiosos não desenvolvem a síndrome, daí a razão da letalidade dos eventos que envolvem esse tipo de elementos;

— o condicionamento mental das pessoas. Quem intencionalmente se condiciona a não desenvolver a síndrome, geralmente obtem êxito nisso;

— a proximidade física entre as pessoas. Quanto mais exíguo for o ambiente, melhor se desenvolve o fenômeno.

Até mesmo o negociador é suscetível de ser contagiado por essa síndrome, sendo comum os casos de negociadores que se envolveram emocionalmente com os bandidos, a tal ponto que chegaram a se tornar autênticos advogados de defesa das exigências daqueles e empedernidos adversários da opção da ação policial.

NEGOCIAÇÃO DE REFÉNS

A negociação de reféns é uma tarefa árdua e complexa. Ela exige do negociador um perfil psicológico peculiar e tem basicamente quatro objetivos:
— ganhar tempo,
— abrandar exigências,
— colher informações,
— prover um suporte tático.

Na busca desses objetivos básicos, o negociador desenvolve o seu trabalho dentro do estilo que for peculiar à sua personalidade e ao sabor dos fluxos e refluxos da crise, tendo como únicos basiladores de sua conduta os critérios de ação em vigor na organização policial a que pertence.

Inexistem quaisquer estereótipos ou panacéias que possam ser adotados e que garantam o bom sucesso dessa difícil empreitada.

A doutrina, entretanto, baseada em experiências de casos passados, apresenta algumas recomendações que são de grande valia para orientar a negociação, evitando assim o cometimento de erros que são considerados mais comuns nessa atividade.

A primeira dessas recomendações diz respeito ao número de negociadores numa crise, que não deve nunca ser inferior a dois, sendo o ideal que sejam três ou quatro.

E há razões para isso.

Primeiramente, em virtude da necessidade de se substituir o negociador, quando a crise se protrair demasiadamente no tempo. Sabe-se, por experiência, que as crises são fenômenos de longa duração, sendo bem raras aquelas que se solucionam em menos de doze horas. O mais comum é que durem entre dois e cinco dias.

Ora, não há ser humano que consiga ficar ininterruptamente trabalhando por tão longo lapso de tempo, mormente numa missão tão estressante como a de negociador. Havendo mais de um negociador disponível, é possível dar uma continuidade ao trabalho, através da realização de escalas ou rodízios, ao longo da crise.

Outro motivo é a precaução que deve haver em face da possibilidade de o negociador se desentender com os causadores do evento crítico, ou mesmo perder a confiança destes. Nessas hipóteses, a negociação se inviabiliza com aquele negociador, sendo imprescindível a sua substituição.

A segunda recomendação doutrinária é com relação à troca de reféns.

Essa idéia de troca de reféns é hoje inteiramente repudiada, seja devido a razões morais ou éticas, seja pelo fato de que tais focos interferem no desenvolvimento da chamada "Síndrome de Estocolmo".

A terceira recomendação é estreitamente relacionada aos critérios de ação que preconiza que toda e qualquer exigência que contribua para a exacerbação do grau de risco da crise não deve, sob hipótese alguma, ser atendida.

Os fundamentos dessa terceira recomendação são óbvios. Se a negociação visa buscar uma solução aceitável para a crise, atenuando-lhe a gravidade e aparando as arestas entre os causadores do evento e as autoridades policiais, é inteiramente ilógico o atendimento de uma exigência que somente vai contribuir para a piora do problema, como é o caso da entrega de armas aos bandidos.

Um incidente ocorrido em Betim, MG, em 1990, envolvendo a Polícia Militar daquele Estado (do qual eu participei em missão oficial, a pedido do comandante geral daquela Corporação, como consultor na fase de negociação, na cidade de Juíz de Fora/MG), bem demonstra o acerto desta recomendação doutrinária.

Pressionada por uns bandidos que haviam escapado de um presídio mediante a tomada de reféns, a PMMG (Polícia Militar do Estado de Minas Gerais) concordou em lhes entregar um carro-forte e três submetralhadoras por eles exigidas. Como resultado desse desatino, todo o Brasil assistiu, pela televisão, os bandidos receberem as referidas armas e as experimentarem numa rua, em pleno centro da cidade, dando rajadas para o ar.

Pode-se plenamente imaginar o risco e a responsabilidade assumidos pelos tomadores de decisão da PMMG, ao permitir a entrega daquelas armas aos bandidos, contribuindo, destarte, para o aumento da letalidade do evento.

A TROCA DE REFÉNS

Pelo exposto, verifica-se que a troca de reféns é uma idéia que deve ser abolida, pois ela contribui para a quebra da proteção psicológica oferecida pela síndrome ora tratada.

Essa quebra se deve à entrada, no ponto crítico, de um *extraneus*, isto é, alguém que não estava ali desde os primeiros momentos.

Esse *extraneus* passa então a inspirar desconfiança a todos os que ali se encontram, por serem desconhecidos os seus planos e intenções, ao aceitar passar à difícil condição de refém. Não somente os bandidos, mas também os reféns não costumam aceitar o novato com muita simpatia, pois geralmente se sentem na condição de preteridos, por não terem sido os escolhidos para serem trocados.

A lei da sobrevivência faz com que cada um dos reféns considere a própria vida como a mais importante.

A negociação, como vimos, é um processo que se desenvolve durante todo o curso da crise. Ela é um fenômeno espontâneo e natural, sendo uma necessidade imperiosa tanto para as autoridades policiais como para os causadores do evento crítico.

Estes últimos, particularmente, sentem uma carência absoluta de que o processo de negociação não tenha solução de continuidade.

SEQÜESTROS

Existem, efetivamente, situações em que a negociação não policial não somente é inafastável, como aparece como sendo a única alternativa viável de solução da crise.

Geralmente, isso ocorre nos casos de extorsão mediante seqüestro, em que a família do seqüestrado é a primeira a ser contatada pelos seqüestradores.

Esses contatos iniciais, quase sempre feitos por telefone, contêm invariavelmente a exigência preliminar de que a polícia se mantenha afastada do caso.

Tal situação praticamente inviabiliza o exercício da negociação por parte da polícia, porquanto aos sequestradores só interessa que ela se mantenha afastada do evento.

Nessas condições, a doutrina recomendada aos organismos policiais é que adotem a postura de se afastarem do caso, desde que formalmente solicitado pela família da vítima.

Esse afastamento, todavia, deve ser realizado mediante o esclarecimento explícito de duas condições aos familiares: em primeiro lugar, que a polícia se manterá afastada somente enquanto durar o cativeiro do ente seqüestrado, e, em segundo lugar, que a polícia põe à disposição da família todos os seus recursos para viabilizar o bom êxito da crise, orientando os negociadores não policiais, para evitar que eles sejam vítimas de golpes conhecidos na gíria policial como "repique" (espertalhões que se aproveitam do evento para se passarem pelos seqüestradores e abocanharem o resgate), e preparando o terreno para que uma possível entrega do resgate ocorra sem incidentes (que podem ser causados involuntariamente pela própria polícia, se estiver completamente desinformada sobre o assunto).

Essa assessoria da polícia, ou de especialistas em intervenções de crise e negociação, em casos dessa natureza, é indispensável, sendo também uma boa opção para des-mascarar seqüestros forjados ou falsos seqüestros, já comuns no Brasil.

O QUE SE PODE ESPERAR DO REFÉM

Cada indivíduo apresenta reações diferenciadas durante e depois do seqüestro.

— *No momento da captura:* dilema de resistir ou não; sentimento de abandono.

—*Após a liberação:* sentimentos semelhantes àqueles vivenciados por sobreviventes de grandes catástrofes — desorientação, depressão, fadiga, confusão.

—*A Síndrome de Estocolmo:* um ou mais dos seguintes comportamentos:
- reféns desenvolvem sentimentos positivos em relação aos captores;
- reféns desenvolvem sentimentos negativos em relação às autoridades;
- seqüestradores desenvolvem sentimentos positivos em relação aos reféns.

A síndrome nem sempre se desenvolve, sendo impedida por:
- violência injustificada ou tortura contra o refém;
- isolamento do refém;
- exigüidade de tempo;
- barreira da língua;

• conhecimentos de fenômenos psicológicos pelo refém;
• valores culturais conflitantes seqüestrador-refém;
• estereótipos preexistentes.

Maior vantagem: quanto mais forte a síndrome, menores as possibilidades de violência contra o refém.

COMO SE COMPORTAR ENQUANTO REFÉM

1. Não seja um herói:
— assimile a situação e esteja preparado para esperar;
— qualquer ação significativa de sua parte pode causar no raptor uma reação violenta;
— permaneça calmo, estude a situação;
— tenha auto-preparo para um resgate (física e mentalmente);
— o tempo está do seu lado;
— não negocie com raptores. Deixe profissionais tratarem do assunto.

2. Os primeiros trinta minutos são os mais perigosos:
— quanto mais longa a situação, maiores as suas chances de sobrevivência;
— a sua atitude durante a fase inicial da crise com refém pode significar a razão pela qual estará vivo ou morto ao final do incidente;
— o raptor está decidindo entre ficar e lutar ou evadir-se;
— não ameace o raptor;

— após algum tempo, o seqüestrador ficará mais consciente de suas emoções e de sua situação (síndrome de Estocolmo).

3. Não fale, a menos que falem com você:
— considere a escolha de palavras antes de falar (você pode irritar o raptor);

— não converse com outros reféns. Se conversar, não pare se o seqüestrador olhar para você, ele poderá pensar que você está conspirando contra a situação;

— se falarem com você, não seja excessivamente amistoso, pode soar hipócrita, falso, mentiroso. Fale devagar e concisamente. Não discuta. Raciocine antes de falar.

4. Evite perder a condição de "pessoa":
— o raptor pode tentar evitar a transferência emocional positiva, referindo-se a você com uma expressão descaracterizante. Perceba que ele está tentando "desumanizá-lo";

— sempre que possível, reitere a sua condição de ser humano. Conte-lhe sobre sua família;

— na medida do possível, fale sobre um assunto não violento.

5. Descanse:
— não vire as costas ao seqüestrador;

— descanse o máximo que puder, tão logo a confrontação inicial já tenha se acalmado;

— descanse quando o raptor estiver acordado. Você vai estar descansado quando ele estiver cansado (oportunidade de fuga);

— relaxe, você pode ter que correr para um abrigo ou escapar.

6. Não ofereça sugestões:
— o seqüestrador pode interpretar como comando. Pode gerar hostilidade e causar violência;
— se sua sugestão for usada e alguma coisa der errado, o raptor pode pensar que você o fez de propósito e o verá como inimigo (dificultará a síndrome de Estocolmo).

7. Necessidades médicas-medicação:
— conte ao seqüestrador sobre os seus cuidados especiais. Não o irrite, apenas lhe comunique;
— você provavelmente receberá tratamento, ele não quer que você morra;
— não simule uma doença ou contusão, isto destrói qualquer elo de confiança.

8. Entenda que você é um refém:
— você não está no controle de absolutamente nada;
— seja submisso, humilde.

9. Fuga:
— somente quando tiver 100% de certeza de que será bem sucedida;
— ainda assim, reconsidere a tentativa;
— a sua fuga pode ocasionar violência contra os reféns que ficarem;
— pode ser atingido pela polícia.

10. Investida de resgate (salvamento):
— jogue-se ao chão e não se mova;
— leve as mãos à cabeça;
— prepare-se para ser revistado e possivelmente algemado;
— não faça nenhum gesto abrupto;

— mantenha as suas mãos à plena vista;
— siga as instruções perfeita e imediatamente.

COMO NEGOCIAR A CRISE

— Contato com o seqüestrador: dê-lhe uma oportunidade de visualizar melhor a situação e tornar-se mais razoável (tempo).
—*Tipos de contato:*
• contato direto (face a face);
• telefone;
• diálogo através de coberturas (muros, paredes);
• bilhetes;
• alto-falantes.

O contato direto permite melhor avaliação do estado mental do seqüestrador e facilita a ocorrência do elo de confiança mútua.
—*Regras:*
• certifique-se de estabelecer um acordo com o seqüestrador (promessa de não-agressão bilateral);
• não dialogue se o seqüestrador lhe apontar uma arma, insista para que ele a guarde ou a abaixe;
• use este método apenas depois de certificar-se do estabelecimento do adequado elo de confiança com os seqüestradores;
• nunca use o método de contato direto com mais de um seqüestrador por vez;
• mantenha o olhar firme;

- tenha sempre uma rota de escape;
- nunca dê as costas ao seqüestrador ou faça qualquer movimento brusco.

Quando se pretende reduzir qualquer possibilidade de alto risco em incidentes com reféns emocionalmente oprimidos, as palavras se tornam as armas utilizadas pelos negociadores para diminuir os níveis de emoção e o estresse, e pacificamente resolver o incidente. Tão importante quanto são as palavras no arsenal do negociador, a inflexão, o tom e a velocidade com que elas são proferidas também desempenham um destacado papel no processo de resolução da crise.

Outra arma indispensável no arsenal do negociador é a habilidade para ouvir.

O QUE SE PODE OU NÃO NEGOCIAR

— COMIDA:
- não forneça mais do que o que foi solicitado;
- não inclua nada por conta própria.

— BEBIDA:
- água e refrigerantes;
- álcool pode aumentar a possibilidade de violência contra os reféns.

— MEIOS DE TRANSPORTE:
- o controle da situação pode se complicar sobremaneira se o seqüestrador dispuser de meios de transporte;
- verifique se o deslocamento oferece alguma vantagem tática ao grupo de assalto ou ao próprio processo de negociação;
- regra geral, o fornecimento de meios de transporte causa mais problemas do que vantagens.

— LIBERDADE PARA OS REFÉNS:
- é o objetivo. Mas deve haver uma clara política oficial em caso de esse item implicar em liberdade para os seqüestradores.

— **DINHEIRO/ARMAS:**
- itens dos mais solicitados. Não se recomenda ceder.

— **TROCA DE REFÉNS:**
- jamais troque um refém por um policial;
- a troca de um refém por um parente do seqüestrador pode ter como resultado a formação de um "auditório para suicídio";
- o maior problema é que você pode aumentar o número de reféns sem receber nada em troca.

— **ADVERTÊNCIA:**
- jamais forneça qualquer coisa sem receber algo em troca;
- cuidado com as declarações nos órgãos da imprensa — o seqüestrador pode dispor de rádio ou televisão.

SOLUÇÕES POLICIAIS PARA AS SITUAÇÕES DE REFÉNS

A opção prioritária que a doutrina de gerenciamento de crises faz pela solução negociada dos eventos críticos não é gratuita nem aleatória, e tampouco, decorre de uma cosmovisão laxista de solução dos conflitos no âmbito da segurança pública.

Ela é resultado de um longo processo de amadurecimento obtido através do estudo e da análise de milhares de casos ocorridos nos últimos anos em todo o mundo, os quais têm dado um supedâneo estatístico de porte à comprovada eficiência desse tipo de solução, se comparado, por exemplo, com o uso de força letal, também denominado solução tática.

As estatísticas têm demonstrado que a solução negociada, quando eficientemente conduzida, apresenta resultados superiores aos das soluções de força, que são quase sempre cruentas e com conseqüencias traumatizantes para aqueles que se encontram na condição de reféns.

É preciso ter em mente que aproximadamente 61% dos eventos críticos são solucionáveis pela simples negociação, seja porque as exigências dos causadores desses eventos estão dentro do razoável e são integralmente atendidas, seja porque a negociação proporcionou um acordo com concessões de ambos os lados.

Não são raros, na crônica policial, os casos em que o evento crítico não apresenta, na essência, aquela dimensão e aquela gravidade que aparenta ter ao eclodir, mas que, em virtude de um mau gerenciamento, recrudesceu e até desandou para desfechos desastrosos, pelo uso desnecessário e precipitado de força policial, quando tudo poderia ter sido resolvido tão-somente com uma boa negociação.

Além do mais, ao optar pelo emprego da negociação até as últimas conseqüências, os responsáveis pelo gerenciamento da crise estarão escolhendo não somente a alternativa mais segura, mas também aquela que é aprovada e ansiada pela maioria absoluta dos mais interessados na solução do evento, que são os reféns, cujas vidas estão em jogo e se pretende preservar.

O USO DE FORÇA LETAL

A decisão de uso de força letal, também denominada solução tática do evento crítico, nem sempre recai sobre o comandante da operação. Muitas vezes, componentes de ordem política levam essa decisão aos agentes da crise, que podem estar entre os mais altos escalões da organização policial envolvida ou também do próprio poder político do Estado ou do País.

Para exemplificar cita-se as crises da Casa de Detenção do Carandiru, em 1992 e do Presídio de Hortolândia, em 1995, ambas no Estado de São Paulo, gerenciadas pela Polícia Militar, mas com decisão do poder do Estado, autorizando a solução tática.

É importante lembrar que a decisão de uso de força letal é irreversível. Uma vez dada a ordem de ataque ao grupo tático "SWAT" e iniciado o ataque, este não tem mais retorno. A "SWAT" executará sua missão num único e rápido movimento, que só terá termo com a rendição ou morte dos causadores da crise, podendo causar também baixas entre os policiais e os reféns.

Por essas razões a doutrina de gerenciamento de crises recomenda como prioridade absoluta a solução negociada dos eventos críticos, somente utilizando a força letal em último caso.

TRANSFERÊNCIA DA CRISE

A solução do evento crítico através da negociação pode resultar numa rendição dos bandidos ou numa resiliência das forças policiais, concordando com as exigências feitas pelos primeiros.

Uma terceira saída seria a chamada transferência da crise, a qual ocorre quando os bandidos e os reféns obtêm permissão para se deslocarem para outro Estado, onde a crise será gerenciada. Às vezes essa saída (que não chega a ser uma solução) é recomendável, principalmente quando as condições do terreno e de equipamento do organismo policial não permitem um gerenciamento eficiente da crise. Essa opção é também uma ótima maneira de se ganhar tempo, possibilitando uma maior segurança para os reféns através da evolução da chamada "Síndrome de Estocolmo".

Tal situação pode ser ilustrada com uma crise ocorrida em Feira de Santana, BA, em 02/09/95, com a transferência de uma ocorrência com refém, tendo a polícia permitido a fuga do assaltante, que levou junto um refém trocado durante as negociações. Outro episódio, mais recente (28/03/96), foi registrado em Goiás, na mais longa rebelião de presos do País, onde também a Polícia permitiu a fuga dos amotinados com carros, armas e reféns.

O EFEITO DA MÍDIA

Há bastante influência dos meios de comunicação social sobre a criminalidade. Grande parte do noticiário jornalístico é formado pelas notícias a respeito de crimes e de seus autores, o que dá margem a que o público forme determinada idéia da criminalidade. Reciprocamente, o crime também influencia o conteúdo da matéria jornalística, em se tratando de criminalalidade. Ainda que muitas vezes louvável, pois a autoria de alguns crimes só é desvendável com a interveniência da imprensa, o noticiário sobre crimes deve ser disciplinado em lei, tal a influência que exerce, capaz de acarretar distorções no funcionamento do mecanismo de aplicação da lei penal. Para o aprimoramento da repressão ao crime, certas praxes da imprensa precisam ser alteradas, de sorte que o noticiário sobre ele se amolde à evolução da criminalidade.

A divulgação do *modus operandis* dos criminosos funciona como estímulo ao crime. O trabalho dos órgãos de comunicação social deve ser dirigido para o exercício de uma ação psicopedagógica no campo da criminalidade, evitando-se a técnica sensacionalista que a nosso ver só contribui para o aumento da criminalidade.

CONCLUSÃO

As ocorrências com reféns não são um tema novo na crônica policial, contudo, são tratadas de forma improvisada pelos diversos segmentos da sociedade, como também se verifica que inexiste uma doutrina de trabalho que pretenda dar ao problema uma abordagem de caráter profissional, evitando-se assim atitudes e desempenhos tipicamente amadoristas.

Situação crucial, condicionada a uma resposta especial, a fim de assegurar uma solução aceitável, as ocorrências com reféns são de responsabilidade exclusiva da polícia, que deve gerenciá-las e solucioná-las. A utilização de religiosos, psicólogos, elementos da mídia e outros na sua resolução é inteiramente inconcebível, apesar de inúmeros precedentes, principalmente nas recentes ocorrências policiais.

Tais deturpações, além de comprometerem a confiabilidade e a imagem dos organismos policiais, trazem implicações e conseqüências jurídicas imprevisíveis, principalmente no âmbito da responsabilidade civil do Estado, especialmente em casos em que ocorra morte dos reféns ou de pessoas inocentes.

Cada ocorrência apresenta características únicas, exigindo, portanto, soluções individualizadas, que demandam uma cuidadosa análise e reflexão. Sua resolução está baseada em probabilidades, e lida, sob uma tremenda compressão de tempo, com os mais complexos problemas sociais, econômicos, políticos, ideológicos e psicológicos da humanidade, nos momentos mais perigosos de sua evolução, isto é, quando eles se manifestam em termos destrutivos.

Enumerados numa ordem rigorosamente axiológica, dois são os objetivos na solução de ocorrências com reféns: preservar vidas e aplicar a lei. Isto significa que a preservação de vidas deve estar acima da própria aplicação da lei. E dentre as vidas a serem preservadas, as de pessoas inocentes têm absoluta prioridade.

REFÉNS: UM TEMA DA ATUALIDADE

COMO SOBREVIVER DURANTE UM ASSALTO OU SEQÜESTRO

As primeiras horas são as mais perigosas, principalmente nos casos de seqüestro, sempre planejado com antecedência. São horas em que os seqüestradores estão no auge de seu plano. É importante, por isso, as vítimas procurarem manter o máximo controle emocional.

Não se deve bancar o herói em nenhuma circunstâncias. Heróis só sobrevivem no cinema ou TV. A polícia aconselha as vítimas a aceitarem a situação e esperar.

A polícia também sugere aos reféns, presos por muitas horas, que tentem repousar. E aceitem as refeições oferecidas.

Outra advertência: nunca aconselhar nada aos criminosos, principalmente nos casos de seqüestro. Qualquer proposta pode interferir num plano elaborado e irritar quem o desenvolveu.

A polícia desaconselha as vítimas a tentarem fugir.

Movimentos bruscos só atrapalham, assustam os criminosos sempre tensos. Proteção sob móveis só se procura em situação de tiroteio, típicas de assaltos a bancos.

Ser observador é importante. Se os criminosos conseguirem fugir, a polícia vai necessitar do maior número possível de informações para identificá-los durante as investigações.

Ser paciente e não discutir, em nenhuma hipótese, com seqüestradores ou assaltantes faz parte da lista de mandamentos de qualquer manual de sobrevivência em caso de assaltos ou seqüestros.

INVASÃO NO PARANÁ PREVIA MORTE DE REFÉNS

Secretário diz que polícia trabalhou com a hipótese de matar 3 mulheres durante resgate do seqüestro que durou 123 horas*

O secretário de Segurança Pública do Paraná, Cândido Martins de Oliveira, disse ontem que a operação de resgate em Marechal Cândido Rondon previa a morte de três dos sete reféns que estavam com três assaltantes em uma casa.

Segundo Oliveira, os policiais trabalharam, durante treinamento, com a hipótese de as três mulheres serem mortas "sem querer".

"Imaginávamos que os assaltantes poderiam usar as mulheres como escudos humanos", disse.

As mulheres mantidas como reféns eram Leina Reuter Martin, Úrsula Kraemer e Ivete Scheffer. Outras quatro pessoas (uma adolescente e três crianças) também foram feitas reféns.

---
* MÔNICA SANTANNA, do jornal *Folha de São Paulo*, agência Curitiba.

Os três assaltantes invadiram a casa do empresário **Roni Martin** às 4h do último dia 24, em Marechal Cândido Rondon (703 km a oeste de Curitiba).

A libertação dos sete reféns aconteceu na manhã do último sábado, depois de 123 horas de seqüestro. Os três assaltantes foram mortos pela polícia.

O secretário disse que a polícia não cometeu nenhum erro durante a invasão, nem mesmo ao ferir Leina com três tiros.

"Não foi um erro. Havia essa previsão. Os policiais agiram com absoluta segurança.", afirmou.

Segundo ele, a morte dos três assaltantes não era "desejável", mas também era prevista.

Ele disse que, mesmo com essa possibilidade, a invasão da casa foi a alternativa "mais viável" para terminar com o seqüestro.

"Não queria a invasão, mas ela foi inevitável. Ofereci tudo para eles, inclusive me propus a acompanhá-los. Mas eles não quiseram nada", afirmou.

Dos seis dias que durou o seqüestro, Oliveira disse que a decisão de invasão da casa foi o momento mais difícil. "Foi na madrugada de sexta-feira. Consultei o governador por telefone e começamos a nos preparar".

Segundo o secretário, a participação do médico Roberto Alegro foi fundamental na operação.

"Foi ele (o médico) que nos deu todas as informações sobre o interior da casa, o estado psicológico dos reféns e assaltantes", disse.

REBELADOS AMEAÇAM INCENDIAR REFÉNS

Prazo para que o governo cumprisse exigências iria até a meia-noite; motim começou domingo*

Os presos rebelados da Penintenciária de Tremembé (135 km a nordeste de São Paulo) ameaçam matar a partir de hoje um refém a cada hora e jogar os corpos para fora do presídio enrolados em colchões incendiados.

O complexo penitenciário de Tremembé abriga 1.700 presos. Cerca de 700 deles estão amotinados. As negociações foram interrompidas no final da tarde.

Os presos, rebelados desde as 13h de domingo e com 37 reféns, exigem o fechamento da Casa de Custódia de Taubaté e seu anexo de segurança máxima. Entre os reféns há 25 parentes de presos, sendo cinco crianças.

Os rebelados também exigem a transferência de 12 presos de Taubaté para outros presídios. A exigência era que a remoção dos presos fosse feita até a meia-noite de ontem.

---

* ISNAR TELES e MARCELO GODOY, do jornal *Folha de São Paulo*, 29/03/95.

Entre os presos que deveriam ser removidos está Mizael Aparecido da Silva – líder de uma rebelião na Casa de Custódia de Taubaté no ano passado.

O documento de cinco laudas redigido pelos rebelados foi entregue ontem ao secretário-adjunto da Administração Penitenciária, Antônio Ferreira Pinto.

"As reivindicações são absurdas", disse Ferreira Pinto. Segundo ele, os presos estão irredutíveis, mas as negociações continuam.

Ferreira Pinto disse também que a PM não invadirá o presídio. Ele disse ainda que os presos estão se comunicando através de rádio.

Os detentos dizem que "após a visita de sábado, houve repressão e espancamento". Eles acusam a diretoria do presídio de ser conivente com os espancamentos. Ontem de manhã, a PM enviou helicópteros e atiradores de elite para o presídio.

Os rebelados em Tremembé feriram ontem o primeiro refém desde domingo.

O carcereiro Luiz Antônio Malamam teve o braço cortado por um estilete e teria sido espancado.

A informação foi passada pelo presidente do Sindicato dos Serviços do Complexo Penitenciário do Vale do Paraíba e Litoral Norte, Marcos Roberto Marcon.

Durante a madrugada, dois presos foram retirados de ambulância do presídio. Teriam passado mal após se drogarem com remédios.

ASSALTANTE LIBERTA MENINA E FOGE COM REFÉM

Garota foi trocada às 13h por comerciante que marginal levou ao sair no começo da noite*

SALVADOR – O assaltante Leonardo Rodrigues Pareja, 21 anos, deixou ontem por volta das 18h40 o Hotel Samburá, em Feira de Santana, onde estava desde a manhã de sexta-feira. Ele levou como refém o comerciante e advogado Luís Augusto Silva Lima num Monza azul. O carro, conduzido por Lima, tomou a direção da Rodovia BR-116, a Rio-Bahia, seguido por veículos policiais.

A polícia fez uma barreira na Avenida Senhor dos Passos, um dos acessos à rodovia, para impedir que carros da imprensa seguissem o assaltante. Os ocupantes do Monza, cujos vidros laterais e traseiro foram cobertos por jornais, estão com coletes à prova de bala. Pareja está armado com uma pistola 7,65 e diz ter ainda 13 balas. Também informou que banhou com álcool o comerciante Lima, trocado à tarde pela refém Fernanda Viana, e ameaça pôr fogo nele se a polícia tentar libertá-lo.

---

* BIAGGIO TALENTO, do jornal *O Estado de S. Paulo*, 04/09/95.

Depois de passar 61 horas em poder de Pareja, a estudante, de 14 anos, foi libertada às 13h01, quando Lima se ofereceu para ficar em seu lugar. O bandido algemou seu novo refém e o banhou de álcool. Após libertar a garota, disse que só iria tentar fugir do cerco policial à noite, quando se sentisse seguro.

De madrugada, Pareja pediu atendimento médico para Fernanda, que teve uma crise respiratória por sofrer de asma alérgica. O médico Érico Guanaes, que já havia examinado a garota anteriormente, entrou no cativeiro e realizou uma nebulização. Perto das 2 horas, o delegado especial Waldir Barbosa, um dos negociadores, propôs mais uma vez que Leonardo trocasse Fernanda por outra pessoa. Ele concordou e pediu o repórter José Raimundo, da Rede Globo. O jornalista não aceitou e o delegado saiu para procurar um voluntário às 5 horas.

A saída de Fernanda do hotel foi um dos momentos mais tensos. Ela se dirigiu, abraçada ao delegado, ao Santana da Secretaria de Segurança Pública, no qual seguiu para casa, em Salvador. Depois que foi embora, houve grande agitação na Praça Jacques do Amaury, onde fica o hotel. Muitos policiais tomaram posição de tiro e parecia iminente uma invasão ao prédio.

Em casa – Fernanda chegou em casa, no Edifício La Rochelle, às 14 horas. Foi recebida com festa pela família e pelos amigos, entre os quais o deputado federal Benito Gama (PFL-BA) e, antes de subir ao seu apartamento, disse que estava bem, que Pareja não a havia machucado e em nenhum momento se sentiu ameaçada de morte. Meia hora depois, apareceu na sacada com os pais e uma irmã e foi aplaudida por um grupo que se concentrava na rua.

Em seguida, Frederico Maron, sócio do publicitário Paulo Viana, pai da garota, leu uma nota em que a família agradecia à polícia, ao governador Paulo Souto e ao senador Antônio Carlos Magalhães (PFL-BA) pelo empenho em libertar a menina sem o emprego da violência. Fernanda é sobrinha do filho de ACM, o empresário Antônio Carlos Magalhães Júnior.

Maron esclareceu alguns detalhes da extorsão que se transformou em seqüestro. Contou que quando os assaltantes abordaram Viana e a filha, na madrugada de sexta-feira, queriam os cartões de crédito para tirar dinheiro no caixa-eletrônico. Nervoso, Viana não conseguiu se lembrar das senhas. Os bandidos negociaram com ele: deveria depositar R$ 20 mil na conta de Pareja num Bradesco de Goiânia, e, assim que o depósito fosse confirmado soltariam Fernanda.

A dupla circulou com ela por Salvador durante a madrugada, enquanto Viana tentava conseguir o dinheiro. Depois, os bandidos decidiram ir para Feira de Santana e se hospedaram no Samburá às 7 horas. Na portaria, Pareja informou que Fernanda era sua irmã. Do hotel eles passaram a negociar com a família. Com isso, a polícia conseguiu descobrir o telefone de onde eram feitas as chamadas e localizá-los. O colega de Pareja, Sérgio Ricardo Sales, saiu do hotel às 9 horas para sacar dinheiro num caixa eletrônico do Bradesco, e foi preso.

LADRÕES RECUSAM LIBERTAR REFÉNS NA BAHIA

Dois homens mantêm um médico e sua mulher por mais de 33 horas em uma clínica médica de Salvador*

Irmão se oferece para ser refém

Um dos irmãos do médico Arionor Vieira, o aposentado Ariodante Vieira, 68, se ofereceu ontem para substituir o casal e se tornar refém dos dois seqüestradores.

A polícia e os seqüestradores não aceitaram. Os seqüestradores concordam em trocar a mulher por um dos filhos do casal, mas querem manter o médico.

Segundo o aposentado, que entrou na clínica duas vezes, o casal estava tranqüilo. "Os dois são espíritas e em nenhum momento chegaram a se desesperar com a situação", disse.

Durante a madrugada de ontem, parentes do casal, seus três filhos e cerca de 20 amigos rezaram pela libertação do médico e de sua mulher.

* Da Agência Folha, em Salvador e da Reportagem Local

O psicólogo Paulo Coutinho, amigo dos reféns, disse que os seqüestradores querem que a polícia cumpra as exigências.

Desde anteontem à noite, Coutinho tem entrado com freqüência na clínica para conversar com os seqüestradores.

Seqüelas

A vítima do seqüestro pode ter graves seqüelas psicológicas se for mantida por longos períodos como refém, diz o presidente do Comitê Multidisciplinar de Psicologia Médica da Associação Paulista de Medicina, Rubens Coura, 46.

Uma das possíveis seqüelas é a regressão. "A pessoa passa a apresentar comportamento incompatível com sua idade."

O seqüestro também desperta temores inconscientes. A vítima pode ficar sem coragem para fazer o que faz normalmente.

O psiquiatra disse que a intensidade dos danos psicológicos varia de pessoa para pessoa, dependendo de suas reações à ameaça.

D. ALOÍSIO REFÉM DOS PRESOS QUE FOI AMPARAR

O cardeal-arcebispo de Fortaleza foi seqüestrado pelos detentos do Instituto Penal Paulo Sarasate, durante visita programada após denúncia de maus-tratos. Durante a ação, marcada pela violência contra o cardeal, um preso foi morto, dois ficaram feridos (três policiais também foram atingidos por tiros). No fim da noite, os presos preparavam-se para sair do presídio em um carro-forte, levando D. Aloísio e outros reféns.*

---

*Jornal da Tarde, 16/03/94.

GAROTO HERÓI ACABA COM ASSALTO

Paulo Ricardo conseguiu enganar os 3 bandidos que ameaçavam sua família em um sobrado, pulou o muro e chamou a polícia*

Um garoto de 16 anos, Paulo Ricardo Barros Dutra, conseguiu enganar quatro ladrões armados, saiu do quarto onde sua família estava sob a mira de dois revólveres, pulou o muro para a casa da vizinha e chamou a polícia que prendeu os quadro em flagrante. Tudo isso ocorreu na madrugada de ontem, na rua Visconde de Ouros, 379, Jardim Aeroporto, zona sul.

Na noite de sábado para domingo, pouco depois da meia-noite, o empresário Vicente de Paulo Coelho Dutra estava chegando em casa com a família. Quando saiu do carro e abriu a porta da garagem, foi dominado por quatro homens, armados com uma Bereta 7,65 e um revólver calibre 38. Toda a família foi levada para um dos quartos e ficaram frente a frente com os ladrões por cerca de quatro horas. Uma filha do casal ficou no colo de um dos assaltantes com um revólver apontado em sua cabeça.

* MÁRIO SIMAS FILHO, Jornal Folha da Tarde, 13/11/89.

Tudo estava saindo de acordo com os planos dos bandidos. Entretanto, o cachorro da família começou a latir sem parar e Paulo Ricardo convenceu os ladrões de que era capaz, se autorizado, de fazer o cachorro ficar quieto. Os ladrões concordaram e Paulo Ricardo resolveu arriscar. Ele foi ao quintal, brincou um pouco com o cão e rapidamente pulou para a casa vizinha, de onde telefonou para a polícia.

Cerca de cinco minutos depois, a viatura da Polícia Militar PM-M 12.290, chegou ao sobrado da rua Visconde de Ouros, 379. Como os ladrões ameaçavam matar toda a família, os policiais pediram reforços e rapidamente vários carros da polícia cercaram a área, inclusive uma perua do Gate (Grupo de Ação Tática Especial), comandada pelo capitão Mascarenhas.

Depois de aproximadamente duas horas de negociação, os ladrões resolveram se entregar e foram presos em flagrante. Ninguém saiu ferido, mas a família está traumatizada e não quis receber a imprensa. O flagrante foi feito no 27º Distrito Policial, em Campo Belo.

Os quatro ladrões que estão presos no 27º Distrito Policial são: Edson Freire Santana, 28; Francisco Ramos da Silva Filho, 24; Raimundo Pereira da Silva, 28 e Francisco Caetano de Alencar, 19, todos moradores da região de Campo Limpo, também na zona sul.

O delegado Eduardo Ielo, que fazia plantão ontem à tarde no 27º DP, não permitiu que a imprensa falasse com os ladrões. Ele disse que estava com cerca de 70 presos e que houve um princípio de fuga, por isso não permitiu a entrada dos repórteres. "Não temos segurança, estou apenas com dois carcereiros", afirmou o delegado.

Ontem à tarde, Vicente Coelho Dutra, o dono da casa, estava dormindo e a família apenas recebeu a visita de parentes e amigos que foram manifestar solidariedade, mas também não quiseram ser identificados.

Segundo o delegado, a Bereta e revólver apreendidos apresentavam sinais de oxidação e não eram registrados. A Bereta, segundo o Boletim de Ocorrência, estava sem balas e provavelmente não tem condições de disparo. O revólver de calibre 38 é de marca Taurus e estava carregado. Foi esse revólver que ficou apontado para uma irmã de Paulo Ricardo, por cerca de quatro horas. Ainda segundo o Boletim de Ocorrência, não foi preciso violência da polícia.

POLÍCIA TENTA ACABAR COM ASSALTO E REFÉM MORRE EM TIROTEIO

SALVADOR* – A tentativa da Polícia Civil baiana de evitar um assalto, na madrugada de ontem, terminou com a morte de uma refém e de dois assaltantes. Segundo o delegado José Roberto Benevides, os dois assaltantes, que aparentavam 24 e 25 anos e não haviam sido identificados pela polícia até o início da tarde de ontem, foram os responsáveis pela morte da refém, Zulma Carneiro Keslck. O marido de Zulma, Caio Keslck, afirma que sua mulher foi morta pela polícia. "Os agentes não tinham esse direito, eu estava negociando com os assaltantes e tudo iria acabar sem violência"; afirma.

Litiano Almeida Santos, que junto com Zulma e Caio também era mantido como refém pelos assaltantes, não soube dizer de quem partiu o tiro que matou a mulher. "Eu ouvi um policial valentão entrar no apartamento gritando 'solte, solte, solte', conta. Consegui correr para o quarto, enquanto um dos assaltantes permaneceu com a arma apontada para a

---

* Do jornal *O Estado de S. Paulo*.

cabeça de dona Zulma e logo depois começou o tiroteio", afirma. Segundo o delegado Benevides, que realizou o cerco aos assaltantes e tentou negociar com eles, os dois jovens pretendiam roubar o apartamento de Delzine Almeida Santos, uma cambista que costuma trocar dólares para os turistas dos inúmeros hotéis do bairro de Porto da Barra. Foi Delzine quem chamou a polícia, logo depois que seu primo, Litiano Santos, foi pego pelos assaltantes. Os dois jovens se assustaram com a chegada da polícia e invadiram o apartamento do casal Keslck.

As negociações com os assaltantes se prolongaram até as 4 horas, quando os policiais invadiram o apartamento. O delegado-titular da Delegacia de Furtos e Roubos, Jacinto Alberto, passou a manhã de ontem reunido com os delegados e agentes que participaram do tiroteio para saber quem matou a refém.

DETENTO SE AFEIÇOA A REFÉM*

"Olha, eu sinto ter conhecido o senhor em uma situação como essa, mas foi um grande prazer conhecer uma pessoa tão formidável como o senhor. O nosso Brasil tem poucas pessoas como você. Eu senti um amigo em você. Quero que se lembre sempre de mim."

O texto acima é de um bilhete escrito pelo fugitivo Célio Antônio de Souza, o "Goiatuba", e foi entregue a Antônio Lorenzo Filho, secretário de Segurança Pública de Goiás.

"Goiatuba" era um dos fugitivos do Cepaigo — foi morto logo depois de repassar o bilhete —, e Lorenzo, um dos reféns usados durante a fuga.

O bilhete mostra um lado inusitado da rebelião do Cepaigo, que produziu uma Síndrome de Estocolmo ao contrário.

A Síndrome, verificada durante um seqüestro na Suécia, surge quando um refém passa a admirar o seqüestrador.

---

* Jornal *Folha de S. Paulo* de 10/04/96.

Na rebelião do Cepaigo há exemplos da síndrome, como os do presidente do TJ, Homero Sabino, do seu filho Aldo e do ex-diretor do presídio, Nicola Limongi. Todos disseram que devem a vida a Pareja.

O próprio Pareja citou a síndrome. O curioso é que a convivência levou os presos a se considerarem amigos dos reféns.

Além do bilhete, há mais exemplos, como os 43 presos que fugiram tiveram de ser divididos em oito carros — com seis reféns. "Todo mundo queriar levar Sabino. Para não dar confusão, colocamos todos no pátio e os líderes escolheram quem levavam", disse Oney da Silva, o "Chulé" — preso que iniciou a rebelião.

UM ESTÍMULO ÀS REBELIÕES

As negociações são amadoras*

Existe o hábito de medir a eficácia de um negociador numa rebelião penitenciária de acordo com o número de reféns mortos. Por esse ângulo, o desfecho do motim de Goiânia foi um sucesso, já que nenhum refém perdeu a vida. O critério, no entanto, é enganoso. Primeiro porque houve dois mortos, um preso fugitivo e uma estudante de 24 anos que se encontrava acidentalmente perto de um tiroteiro. Depois, porque a fuga, com os presos partindo em carros potentes e armas à farta, foi um desastre que só não acabou em morticídio por pura sorte. Segundo a opinião de especialistas em lidar com essas situações, nada é menos recomendável do que abrir as portar de um presídio para os rebelados — ainda que os reféns estejam sendo mantidos ao lado de botijões de gás, como aconteceu em Goiânia. Não há estímulo maior que se possa dar para o estouro de novos motins pelas prisões afora. Conta a experiência, também, que uma negociação longa, como a de Goiânia, favorece

---
* Revista Veja — 10/04/90

quem está do lado de fora do presídio — e não os presos amotinados.

"Não se tem registro de morte de reféns durante as rebeliões", afirma o capitão da PM Augusto Mamede, especialista em Tratativas e Negociações, que trabalha no Rio Grande do Sul. Nas rebeliões, os reféns correm risco de vida sério apenas nas duas primeiras horas do motim, quando os bandidos estão tomando conta da penitenciária e podem ocorrer confrontos. Depois disso, cria-se aos poucos uma identificação mútua — o refém torce pelo preso, de cujo sucesso depende sua vida e o preso faz tudo para preservar o refém, cuja vida é sua única esperança de se safar. Diante disso os especialistas têm um roteiro a seguir. Começa-se por jamais ceder aos primeiros pedidos, por mais inocentes que possam ser. Deve-se estudar o corte de água e luz, e até impedir o fornecimento de comida. Também se recomenda confinar rebelados e reféns no menor espaço físico possível. Assim, além de ter maior controle sobre as ações dos presos, a polícia cria um clima favorável à sua própria ação. Feito isso, a regra seguinte é ganhar tempo.

Reino do improviso — "Boa parte das rebeliões é negociada por pessoas sem treinamento. Diante do que poderia acontecer, até que temos sorte", diz o especialista Roberto Chagas Monteiro, professor de gerenciamento de crises na Academia Nacional de Polícia. Embora ocorram três rebeliões por mês, em média, no Brasil, temos poucas pessoas treinadas para comandar negociações com presos. Há um pequeno número de delegados da Polícia Federal com treinamentos feitos em grupos tarimbados do exterior, como a Swat americana, a SAS inglesa ou a GSG9, da Alemanha. Em alguns Estados como São Paulo, Rio de Janeiro, Bahia, Paraná e Rio Grande do Sul, há grupos especializados — mas, em geral, eles só são chamados para dar palpite, nunca para comandar a cena.

Em países como Estados Unidos, Inglaterra, França e Alemanha, equipes especializadas comandam as negociações. O negociador, manda a regra, é sempre neutro e tem uma boa tarimba em psicologia, indispensável, por exemplo, para distinguir um preso que blefa para negociar daquele psicopata capaz de cometer uma insensatez a qualquer momento. O negociador não deve ter poder de decisão, para ganhar tempo e sempre pode alegar que, na hora H, precisa fazer uma rodada de consultas. No Brasil, a rotina é o contrário. Entende-se que alguém com o poder de decisão é que deve estar à frente das negociações. Na semana passada, a comissão que conversava com os presos tinha, entre seus integrantes, um representante do governador do Estado, Maguito Vilela. Era o secretário de Governo e Justiça Virmondes Cruvinel, encarregado de fazer a ponte entre os presos e o governador. "A negociação tem de ser vista como uma operação policial. Às autoridades cabe avalizar os passos dos técnicos", diz Chagas Monteiro.

MÁS RECORDAÇÕES ADRIANO, REFÉM AOS CINCO ANOS

Hoje, aos 19 anos, o estudante ainda guarda na mente as horas de terror na casa da avó

Ladrão ensangüentado. Revólver na mão. Vem subindo a escada. Estas imagens perseguem Adriano Tambelli há 13 anos. Quando os fatos aconteceram, era apenas uma criança: cinco anos. Viu o ladrão e correu para o quarto do tio. O ladrão entrou. Pegou-o no colo, como refém. Encostou o cano do revólver em suas costas. Durante muitas horas, ficou negociando com a polícia. Até que um policial militar atacou o ladrão e libertou Adriano.

Hoje com 19 anos, estudante de cursinho universitário, Adriano lembra difusamente que houve tiros. "Não tenho certeza. Quando percebi, tinham me tirado do ladrão e estavam me levando para fora do quarto", conta. O bandido levou três tiros e morreu no hospital.

"Aquilo tudo me marcou muito, fiquei traumatizado", diz Adriano. Por muito tempo, teve medo de ficar sozinho.

Criou obsessão por fechar e trancar portas. "E quando eu via a polícia, me dava um medo muito grande. Eu a associava à violência com a qual ela lida, aos bandidos", lembra.

Nos dias seguintes aos fatos, Adriano continuava assustado. "Eu não queria largar a minha mãe. Não queria ficar sozinho. Dormia junto dela." Durante o resto de sua infância, conta, ficava tenso ao ver cenas de violência na televisão. "Via o personagem de um filme atirar e ficava assustado, tinha uma reação diferente das outras crianças."

Aos 11 anos, encontrou-se novamente à frente de um bandido real. Vinha de um clube, às 5 da tarde. Perto de casa, um rapaz forte exigiu-lhe o relógio. "Não estava armado, mas era bem mais velho e forte do que eu", lembra. O ladrão arrancou o relógio do pulso de Adriano. "Naquela noite fiquei muito agitado, não consegui dormir."

Quatro anos depois, com 15 anos, o rapaz e dois amigos foram assaltados em um ônibus. Os ladrões estavam armados. O ônibus, cheio, "mas ninguém se mexeu." Os amigos de Adriano ficaram sem seu dinheiro. O rapaz, novamente sem o relógio.

Ainda hoje, quando vai à cada de sua avó, evita entrar no quarto onde os fatos se passaram. "Aquelas cenas voltam, fortes. Não foi possível apagar. O impacto de ver o ladrão subindo a escada sujo de sangue, depois o revólver nas costas, o medo nesse tempo todo...".

Adriano estava com hepatite e por isso seus pais (advogados) o tinham mandado para a casa da avó, um sobrado. O garoto passava muito tempo na cama, no quarto de seu tio, na parte de cima. O alarido do ladrão perseguido assustou a todos. O menino levantou-se e foi à porta do quarto. Foi nesse momento que viu o ladrão subindo as escadas.

O bandido sangrava por ter se cortado em cacos de vidro ao pular o muro para o quintal da casa. Adriano, assustado, voltou para o quarto. Seu tio deu ao bandido uma camisa e ele limpou um pouco o sangue. Então os policiais surgiram na escada. O ladrão agiu rápido, pegou o garoto como refém.

Mas a cena do ladrão chegando ensangüentado parece tê-lo marcado mais do que as horas que passou sob ameaça do revólver. Apesar de tudo, os acontecimentos não afetaram sua vida. Adriano quer estudar jornalismo e esporte. "Quero ser jornalista de esportes". E, se for o caso, repórter policial? "Não, policial não." (V.S.)

TRAUMAS DE VÍTIMAS DA VIOLÊNCIA

*Milhares de pessoas passam a vida marcadas pela angústia dos momentos de terror. Muitas buscam apoio; nenhuma consegue esquecer**

Dez anos depois de viver as três horas mais dramáticas de sua vida, Cristiane A. ainda é uma pessoa traumatizada. Foram três horas na mira do revólver de um assaltante, que a tomou como refém. Tinha 21 anos. Hoje, casada, 31 anos, não tem filhos: "Tenho medo de expor um filho meu a essa violência toda." Cristiane é uma das milhares de pessoas que passam a vida marcadas por traumas provocados por algum tipo de violência. Muitas buscam apoio em consultórios psicológicos; outras tentam superar o trauma sozinhas. Mas em nenhum dos casos conseguem esquecer a angústia de ficar sob ameaça de um bandido acuado; deixa marcas.

Em um caso ocorrido há 13 anos, a vítima foi uma criança de apenas cinco anos. Um ladrão ficou uma tarde inteira com o revólver nas costas de Adriano Tambelli, até ser dominado e morto por policiais.

---

* Valdir Sanches

"Aquelas cenas sempre voltam, fortes", diz hoje Adriano, um estudante de 19 anos.

Com Cristiane, não foi apenas aquele episódio, ocorrido em uma rua da Água Branca, em junho de 1985. Menos de um ano depois, quando saía de seu curso de Economia na Fundação Armando Álvares Penteado, FAAP, ela entrou no carro, mas não chegou a dar a partida. "Dois sujeitos enormes, armados, me assaltaram. Por sorte, levaram o carro, com minha bolsa, mas me deixaram sair", lembra.

Isso foi em uma época em que Cristiane vivia tensa. "Se eu achasse que havia alguma coisa de anormal, não entrava em casa. Ficava rodando nas proximidades até achar uma rádio-patrulha. Ou então ia à delegacia do meu bairro. Pedia que me acompanhassem para chegar em casa." Situação que não mudou muito hoje.

Depois de tudo, Cristiane tentou esquecer: "Saí de órbita, procurei tratar as recordações como se estivesse vendo um filme", diz. Tentou ser forte; não procurou apoio em tratamento psicológico. Mas foi difícil. "Passei dois anos dramáticos", diz. Até hoje, não lê reportagens de pessoas seqüestradas. "Eu imagino o que essas pessoas passam e acho que, se fosse eu, não iria agüentar".

Chegou um momento em que Cristiane tomou uma decisão: andar armada. Foi depois de dois crimes que chocaram sua família. Um amigo foi morto na avenida Ibirapuera por se recusar a entregar o relógio a um ladrão. Outro reagiu a um assalto enquanto esperava a filha sair da escola. Antes de comprar a arma, Cristiane procurou ser cuidadosa: entrou em uma escola de tiro. A certa altura, o professor perguntou-lhe se usaria a arma para atirar em alguém. "Eu pensei bem e concluí que não faria isso". O professor aconselhou-a desistir do curso e de ter uma arma.

Cristiane, pós-graduada em Economia e análise de sistemas, convive com seus medos como pode. Só em último caso vai ao Centro da cidade. "E quando vou, não levo bolsa, relógio nem nada". Ela não se vê como uma vítima isolada, mas acha que seu caso faz parte do "histórico da violência da cidade".

Durante um ano, depois daquele junho de 1985, Cristiane recebeu telefonemas anônimos. Os jornais noticiaram o endereço onde a moça morava com a mãe. E o nome da empresa onde trabalhava. O telefone da casa foi trocado. As ligações anônimas iam para a empresa. "Eram ameaças de morte, trotes, brincadeiras de mau gosto". Cristiane procurava não se abalar. "Eu ficava pensando: um raio nunca cai duas vezes no mesmo lugar". Apesar disso, nunca se sentiu segura de que isso é verdadeiro.

BIBLIOGRAFIA

- Treinamentos de Negociação - Unidade de Pesquisa e Operações Especiais- Academia do FBI - Quantico,VA - EUA

- SWAT - Training and Employment - Steve Matton - Colorado, EUA

- Apontamentos/Compilação/Pesquisa - cursos, jornais e revistas

Leia também:

RADIOGRAFIA DO SEQÜESTRO

Neste livro, o Capitão Mascarenhas faz uma radiografia completa do seqüestro, mostrando os tipos de pessoas que o fazem, suas motivações, objetivos, técnicas e organizações. Transmite com isso conhecimentos essenciais, cujo objetivo é ensinar a pessoa a defender-se previamente perante um evento bastante generalizado em nossa sociedade.

Aborda, de outro lado, todas as possibilidades envolvidas em situações de seqüestro e orienta como administrar lucidamente o evento do cativeiro.

Trata-se de leitura oportuna na medida em que o seqüestro é hoje fato corriqueiro, tornando as pessoas vulneráveis e vítimas principalmente do medo. Neste sentido, a radiografia é importante, porque abre para o conhecimento mais profundo do problema e alimenta soluções.

CONTRA ATAQUE: MEDIDAS ANTIBOMBA

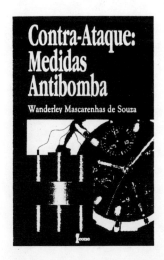

Os atentados a bomba podem ocorrer em qualquer lugar e a qualquer tempo. Durante os períodos de agitações políticas, situações de greves, entre outros tantos eventos comuns ao homem que vive em sociedade.

Mais uma vez, o Capitão Mascarenhas, com seu amplo conhecimento e experiência de situações perigosas, traz neste livro a discussão de um problema importante, mostrando a tipologia dos causadores de atentados a bomba e a motivação do delito. Traz ainda uma abordagem técnica e policial, além de apresentar casos reais que envolvem situações típicas de atentado a bomba.

É um livro necessário sobretudo a profissionais, sem deixar de proporcionar interesse ao público em geral.

Este livro foi impresso na
LIS GRÁFICA E EDITORA LTDA.
Rua Visconde de Parnaíba, 2.753 — Belenzinho
CEP 03045-002 — São Paulo — SP — Fone 292-5666
com filmes fornecidos pelo editor